Das Buch

„Der Ball ist rund", soll Sepp Herberger einmal gesagt haben, und diese Erkenntnis bestätigt auch der spanische Zeichner Mordillo. Wo dieser runde Ball allerdings überall auftauchen kann, ist verblüffend. Ob ihn der HSV wohl im Labyrinth oder der FC Bayern im Urwald gesucht hätten? Mordillo hat jedenfalls alle Mühe, seine Ideen im Stadion zu halten. Nicht nur Schlachtenbummler, Freizeitkicker und Fernsehfußballer werden ihre Freude an diesen Cartoons haben, von denen jeder ein Volltreffer ist!

Der Zeichner

Guillermo Mordillo wurde am 4. August 1932 in Buenos Aires geboren. Bereits mit 18 Jahren illustrierte er Kinderbücher und zeichnete für den Trickfilm. 1955 ging er als Werbegraphiker nach Lima und 1960 nach New York, wo er sich verstärkt dem Trickfilm widmete. 1963 siedelte er nach Paris über. Seit 1970 ist er international als humoristischer Zeichner bekannt, seine Cartoons, seine Poster, Kalender, Karten, Trickfilme und Bücher erfreuen sich großer Beliebtheit in vielen Ländern. Für seine Arbeiten hat er zahlreiche internationale Auszeichnungen erhalten.

Angepfiffen von Pelé

Deutscher
Taschenbuch
Verlag

Von Guillermo Mordillo
sind im Deutschen Taschenbuch Verlag erschienen:
Cartoons zum Verlieben (1288)
Variationen über das menschliche Wesen (1583)
Neue Variationen über das menschliche Wesen (1686)
Giraffenparade (10019)
Neueste Variationen über das menschliche Wesen (10572)

1. Auflage April 1984
3. Auflage April 1986: 31. bis 45. Tausend
Deutscher Taschenbuch Verlag GmbH & Co. KG,
München
© 1981 Mordillo
© 1981 Oli-Verlag
© 1981 für die deutsche Ausgabe:
Friedrich W. Heye Verlag GmbH, München · Hamburg
ISBN 3-88141-012-0
Umschlaggestaltung: Celestino Piatti unter Verwendung eines
Cartoons von Mordillo
Gesamtherstellung: C. H. Beck'sche Buchdruckerei,
Nördlingen
Printed in Germany · ISBN 3-423-10257-8

a José Luis Salinas
y Eduardo Ferro

Fußball, das ist mein Leben. Der Lederball hat mein Schicksal bestimmt, meine Existenz und meine Karriere. Verständlich, daß ich mich brennend für alles interessiere, was mit Fußball zusammenhängt.

Als ich zum ersten Mal die Blätter dieses Buches betrachtete, wurde mir ganz deutlich, was ich schon lange gespürt hatte: Fußball ist nicht nur Kampf und Leidenschaft, Fußball kann auch eine Quelle tiefgründigen Humors sein. Bei jeder Zeichnung empfand ich eine ähnliche Freude wie bei einem Torschuß.

Mordillo ist für mich der große Künstler, der die heitere Seite unseres faszinierenden Spiels entdeckt und kongenial dargestellt hat. Er sieht den grünen Rasen zwischen den Toren als Aktions- und Experimentierfeld des Menschlichen. Das macht den doppelbödigen, nachdenklich stimmenden, aber immer von der heiteren Einsicht ins Wesen des Spiels und seiner Akteure bestimmten Humor dieses Buches aus. Es bewirkt befreiendes und nicht bitteres Lachen. Wozu auch der Umstand beiträgt, daß Mordillo – der Dribbelkünstler des Zeichenstifts – so viel von Fußball versteht. Er ist in Argentinien geboren, wo Fußball zur Leidenschaft wird, genau wie in Brasilien, in meiner Heimat.

Ich hoffe, daß dieses Buch zu einer Botschaft der Freude und des Friedens in der Welt wird.

Mordillo hat mit diesem Buch ins Tor getroffen und bestimmt einen World Cup verdient. Nun aber sollen Sie nicht länger warten. Mordillos Spiel ist angepfiffen. Es wird Sie begeistern – und alle anderen Fußballfreunde in aller Welt.

Ihr Pelé

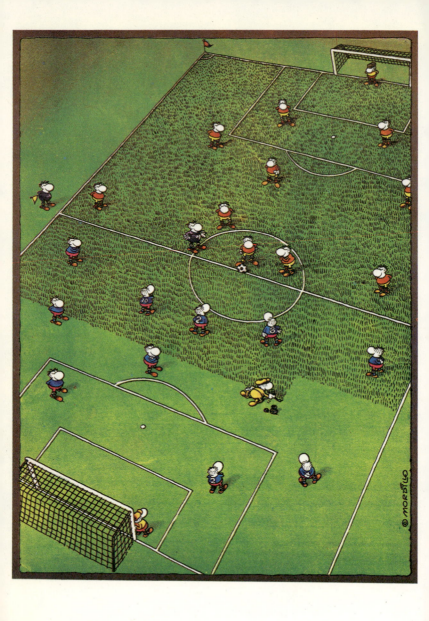

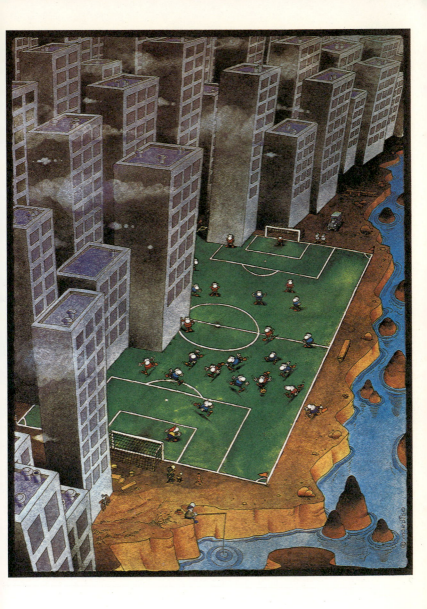

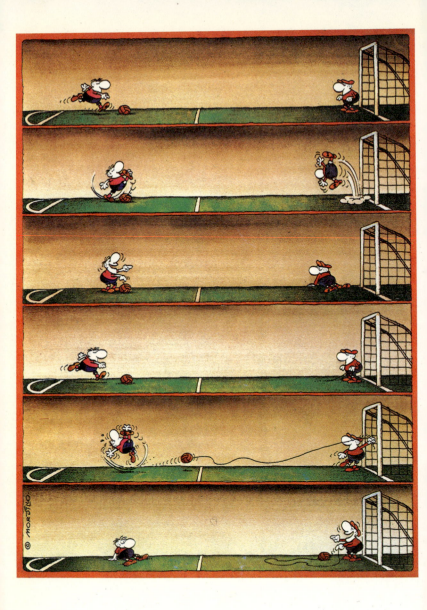

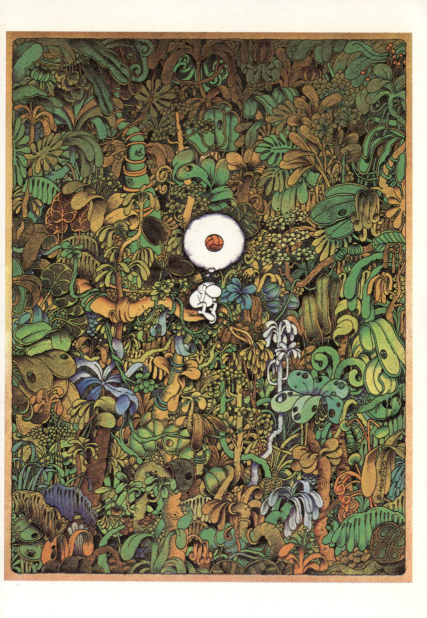

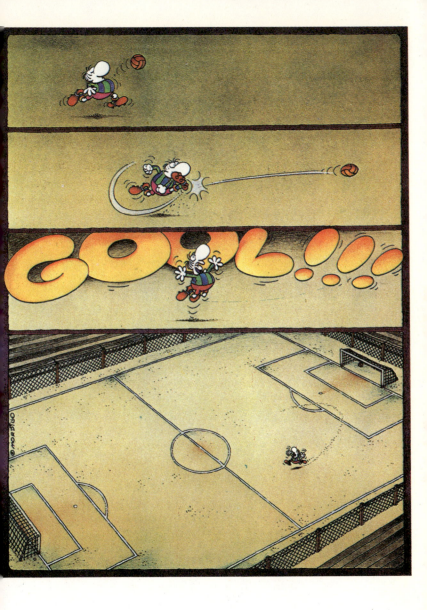

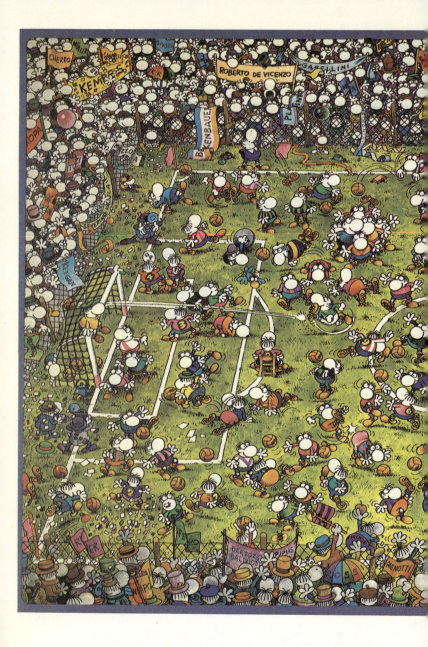

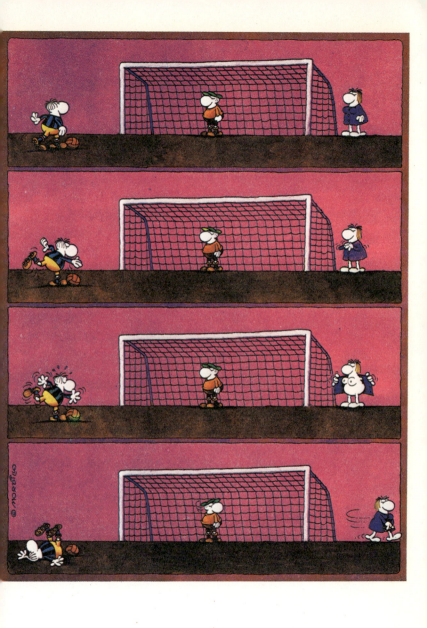

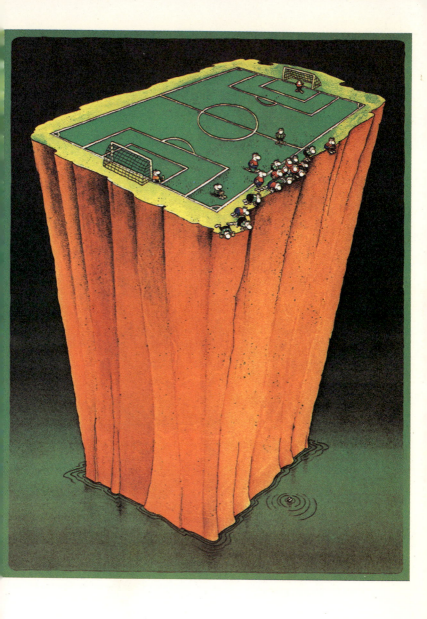

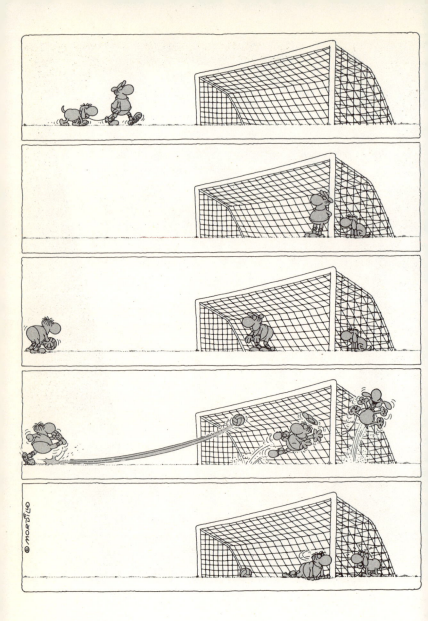

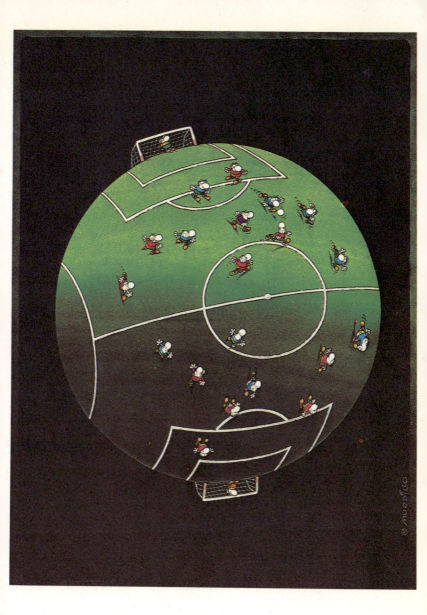

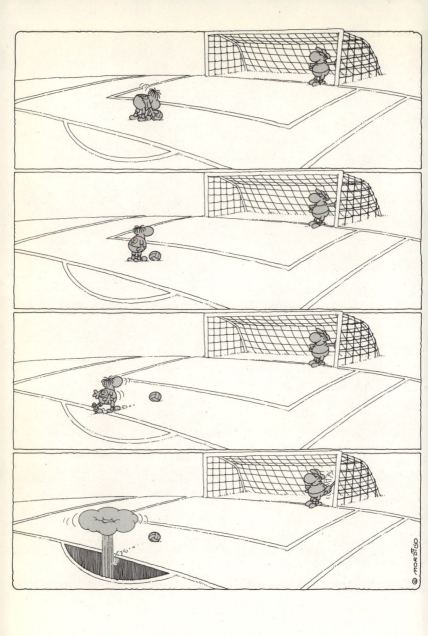

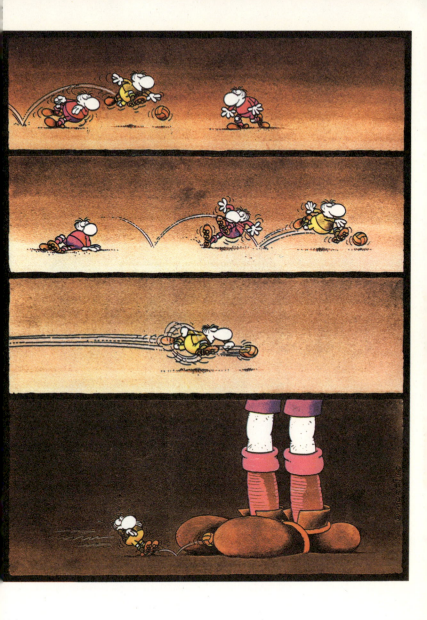

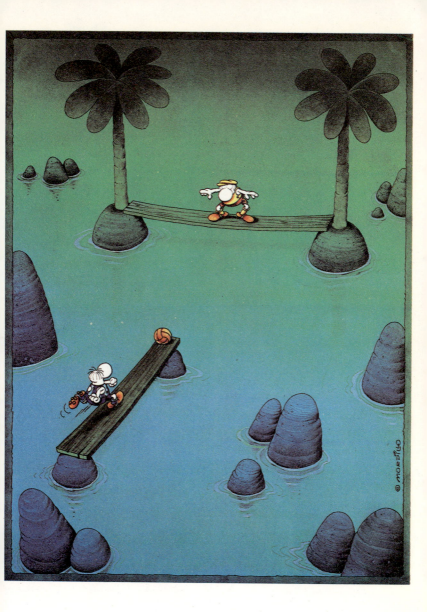

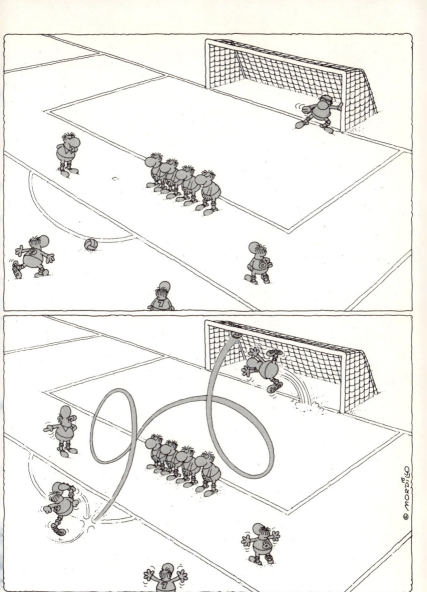

Neues für MORDILLO-Fans

Cartoons – Opus 3
88 Seiten, durchgehend illustriert, überwiegend farbig. Format: 235 x 310 mm. Cell. Pappband.

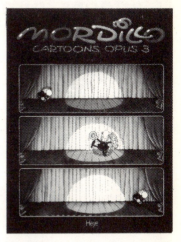

…und neu jetzt auch als kartonierte Sonderausgaben:

Cartoons – Opus 1 und 2
Variationen in Farbe und Chinatinte über das menschliche Wesen und andere atmosphärische Phänomene. Das Vorwort für „Opus 2" schrieb Marcel Marceau.
Jeder Band: 88 Seiten, durchgehend illustriert, überwiegend farbig. Format: 235 x 310 mm. Kartonierter Einband.

Giraffen-Parade
44 Seiten, durchgehend farbig illustriert. Format: 210 x 270 mm. Kartonierter Einband.

Football
Angepfiffen von Pelé. 80 Seiten, durchgehend illustriert, überwiegend farbig. Format: 235 x 310 mm. Kartonierter Einband.

Außerdem gibt es jedes Jahr von Mordillo neue Kalender, Poster, Puzzles und Karten.

Friedrich W. Heye Verlag München · Hamburg

Mordillo:
Cartoons zum Verlieben

dtv 1288

dtv 1583

dtv 1686

dtv 10019

dtv 10257

Schöne Aussichten ...
Cartoons

dtv 10069

dtv 10334

dtv 10195

dtv 10037

dtv 10229

dtv 10289

Cartoons statt Blumen

dtv 1011

dtv 1656

Franziska Bilek:
Herr Hirnbeiß
dtv 1794

Bosc:
Bilderbuch
für Erwachsene
dtv 10068

Olaf Gulbransson:
Heiteres und Weiteres
dtv 10002

Edward Koren:
Bist Du glücklich?
dtv 10219

Adolf Oberländer:
Ach du gute alte Zeit
dtv 10137

Jules Stauber:
Die Welt ist rund
dtv 1554

Jim Unger:
Gute Besserung,
Hermann!
dtv 10302
Nicht aufgeben,
Hermann!
dtv 10348

Tom Wilson:
Jetzt kommt Ziggy
dtv 10181

dtv 10209

dtv 10389

Das kleine Geschenk mit dem großen Effekt

dtv 1709

dtv 1772

dtv 10059

dtv 10038

dtv 10117

dtv 10315

Norman Thelwell

Humor für alle Lebenslagen –
nach feiner englischer Art...

Thelwells vollständiges Hunde-Kompendium Cartoons

dtv 1046

Thelwells Reitlehre Cartoons

dtv 1175

Thelwells vollständige Angler(l)ehre Cartoons

dtv 1302

Thelwells Haus- und Gartenfibel Cartoons

dtv 1411

Norman Thelwell: Die lieben Kleinen Cartoons

dtv 1668

Thelwells Autohandbuch
dtv 10090

Thelwells Segelschule
dtv 10127

Thelwells Western-Reiter
dtv 10431

dtv
postkartenbücher

dtv 10170

dtv 10171

dtv 10172

dtv 10173

dtv 10322

dtv 10323

dtv 10324

dtv 10325

Man kann sie sammeln, man kann sie verschenken, und wenn man die Karten herauslöst, kann man sie einzeln verschicken. Je DM 9,80. Jeder Band mit 22 Postkarten.

›dtv songbücher‹

The Beatles
Songbook
dtv 745
Bärenreiter 28 920 71

The Beatles
Songbook 2
dtv 1746
Bärenreiter 28 999 61

The Who:
Long Live Rock
Songbook
dtv 1585
Bärenreiter 28 158 50

Das Cowboyliederbuch
Originalausgabe
dtv 10048
Bärenreiter 28 910 21

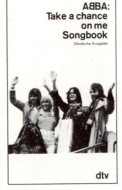

ABBA
Take a chance on me
Songbook
dtv 1773
Bärenreiter 28 999 94

Puppchen, du bist
mein Augenstern
Deutsche Schlager aus
vier Jahrzehnten
dtv 1719
Bärenreiter 28 999 66